Livre de bord du jardinage

Ce livre appartient à :

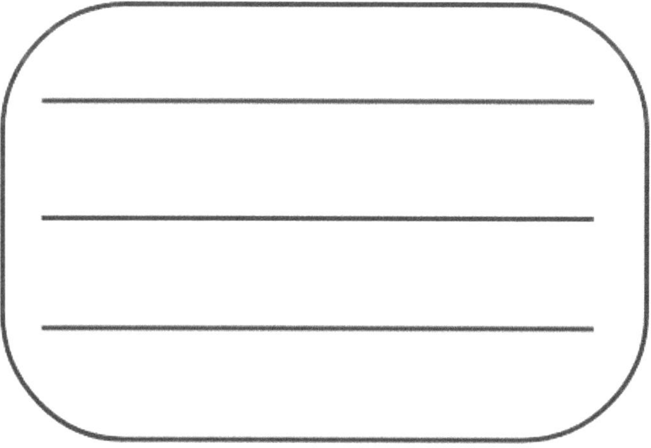

Le journal de jardinage est un moyen incroyable de suivre vos objectifs de jardinage pour les jardiniers débutants et expérimentés.

Livre de bord du jardinage

Nom	Localisation
Fournisseur	Prix

Classe scientifique

Végétaux	○	Fruits
Herbe	○	Fleur
Arbuste	○	Arbre
Annuelle	○	Biennale
Pérenne	○	Semis

Dates

Germination

Plantée

Récolté

Niveau de lumière

Soleil

Soleil partiel

Ombre

Autre

A partir de

Semences

Plante

Classement

Taille	○○○○○
Couleur	○○○○○
Goûter	○○○○○

Fertilisants et équipements

Besoins en eau

0%
moins

Instructions d'entretien

Instruction de plantation

Notes supplémentaires

Livre de bord du jardinage

| Nom | Localisation |

| Fournisseur | Prix |

Classe scientifique

Végétaux	○	Fruits
Herbe	○	Fleur
Arbuste	○	Arbre
Annuelle	○	Biennale
Pérenne	○	Semis

Dates

Germination

Plantée

Récolté

Niveau de lumière

Soleil

Soleil partiel

Ombre

Autre

A partir de

Semences

Plante

Classement

Taille	○○○○○
Couleur	○○○○○
Goûter	○○○○○

Fertilisants
et équipements

Besoins en eau

0%
moins

Instructions
d'entretien

Instruction
de plantation

Notes
supplémentaires

Livre de bord du jardinage

Nom	Localisation

Fournisseur	Prix

Classe scientifique

Végétaux	○	Fruits
Herbe	○	Fleur
Arbuste	○	Arbre
Annuelle	○	Biennale
Pérenne	○	Semis

Dates

Germination

Plantée

Récolté

Niveau de lumière

Soleil

Soleil partiel

Ombre

Autre

A partir de

Semences

Plante

Classement

Taille	○○○○○
Couleur	○○○○○
Goûter	○○○○○

Fertilisants et équipements

Besoins en eau

0%
moins

Instructions d'entretien

Instruction de plantation

Notes supplémentaires

Livre de bord du jardinage

Nom	Localisation

Fournisseur	Prix

Classe scientifique

Végétaux	○	Fruits
Herbe	○	Fleur
Arbuste	○	Arbre
Annuelle	○	Biennale
Pérenne	○	Semis

Dates

Germination

Plantée

Récolté

Niveau de lumière

Soleil

Soleil partiel

Ombre

Autre

A partir de

Semences

Plante

Classement

Taille	○○○○○
Couleur	○○○○○
Goûter	○○○○○

Fertilisants
et équipements

Besoins en eau

0%
moins

Instructions
d'entretien

Instruction
de plantation

Notes
supplémentaires

Livre de bord du jardinage

Nom	Localisation

Fournisseur	Prix

Classe scientifique

Végétaux	○	Fruits
Herbe	○	Fleur
Arbuste	○	Arbre
Annuelle	○	Biennale
Pérenne	○	Semis

Dates

Germination

Plantée

Récolté

Niveau de lumière

Soleil

Soleil partiel

Ombre

Autre

A partir de

Semences

Plante

Classement

Taille	○○○○○
Couleur	○○○○○
Goûter	○○○○○

Fertilisants
et équipements

Besoins en eau

0%
moins

Instructions
d'entretien

Instruction
de plantation

Notes
supplémentaires

Livre de bord du jardinage

Nom	Localisation

Fournisseur	Prix

Classe scientifique

Végétaux	○	Fruits
Herbe	○	Fleur
Arbuste	○	Arbre
Annuelle	○	Biennale
Pérenne	○	Semis

Dates

Germination

Plantée

Récolté

Niveau de lumière

Soleil

Soleil partiel

Ombre

Autre

A partir de

Semences

Plante

Classement

Taille	○○○○○
Couleur	○○○○○
Goûter	○○○○○

<table>
<tr><td>Fertilisants
et équipements</td><td>Besoins en eau</td></tr>
</table>

0%
moins

<table>
<tr><td>Instructions
d'entretien</td><td>Instruction
de plantation</td></tr>
</table>

Notes
supplémentaires

Livre de bord du jardinage

Nom		Localisation	
Fournisseur		Prix	

Classe scientifique

Végétaux	○	Fruits
Herbe	○	Fleur
Arbuste	○	Arbre
Annuelle	○	Biennale
Pérenne	○	Semis

Dates

Germination

Plantée

Récolté

Niveau de lumière

Soleil

Soleil partiel

Ombre

Autre

A partir de

Semences

Plante

Classement

Taille	○○○○○
Couleur	○○○○○
Goûter	○○○○○

Fertilisants
et équipements

Besoins en eau

0%
moins

Instructions
d'entretien

Instruction
de plantation

Notes
supplémentaires

Livre de bord du jardinage

Nom	Localisation

Fournisseur	Prix

Classe scientifique

Végétaux	○	Fruits
Herbe	○	Fleur
Arbuste	○	Arbre
Annuelle	○	Biennale
Pérenne	○	Semis

Dates

Germination

Plantée

Récolté

Niveau de lumière

Soleil

Soleil partiel

Ombre

Autre

A partir de

Semences

Plante

Classement

Taille	○○○○○
Couleur	○○○○○
Goûter	○○○○○

Fertilisants
et équipements

Besoins en eau
0%
moins

Instructions
d'entretien

Instruction
de plantation

Notes
supplémentaires

Livre de bord du jardinage

Nom	Localisation

Fournisseur	Prix

Classe scientifique

Végétaux	○	Fruits
Herbe	○	Fleur
Arbuste	○	Arbre
Annuelle	○	Biennale
Pérenne	○	Semis

Dates

Germination

Plantée

Récolté

Niveau de lumière

Soleil

Soleil partiel

Ombre

Autre

A partir de

Semences

Plante

Classement

Taille	○○○○○
Couleur	○○○○○
Goûter	○○○○○

Fertilisants
et équipements

Besoins en eau

0%
moins

Instructions
d'entretien

Instruction
de plantation

Notes
supplémentaires

Livre de bord du jardinage

Nom	Localisation
Fournisseur	Prix

Classe scientifique

Végétaux	○	Fruits
Herbe	○	Fleur
Arbuste	○	Arbre
Annuelle	○	Biennale
Pérenne	○	Semis

Dates

Germination

Plantée

Récolté

Niveau de lumière

Soleil

Soleil partiel

Ombre

Autre

A partir de

Semences

Plante

Classement

Taille	○○○○○
Couleur	○○○○○
Goûter	○○○○○

Fertilisants
et équipements

Besoins en eau

0%
moins

Instructions
d'entretien

Instruction
de plantation

Notes
supplémentaires

Livre de bord du jardinage

Nom	Localisation
Fournisseur	Prix

Classe scientifique

Végétaux	○	Fruits
Herbe	○	Fleur
Arbuste	○	Arbre
Annuelle	○	Biennale
Pérenne	○	Semis

Dates

Germination

Plantée

Récolté

Niveau de lumière

Soleil

Soleil partiel

Ombre

Autre

A partir de

Semences

Plante

Classement

Taille	○○○○○
Couleur	○○○○○
Goûter	○○○○○

Fertilisants
et équipements

Besoins en eau

0%
moins

Instructions
d'entretien

Instruction
de plantation

Notes
supplémentaires

Livre de bord du jardinage

| Nom | | Localisation | |

| Fournisseur | | Prix | |

Classe scientifique

Végétaux	○	Fruits
Herbe	○	Fleur
Arbuste	○	Arbre
Annuelle	○	Biennale
Pérenne	○	Semis

Dates

Germination

Plantée

Récolté

Niveau de lumière

Soleil

Soleil partiel

Ombre

Autre

A partir de

Semences

Plante

Classement

Taille	○○○○○
Couleur	○○○○○
Goûter	○○○○○

Fertilisants et équipements

Besoins en eau

0%
moins

Instructions d'entretien

Instruction de plantation

Notes supplémentaires

Livre de bord du jardinage

Nom	Localisation

Fournisseur	Prix

Classe scientifique

Végétaux	○	Fruits
Herbe	○	Fleur
Arbuste	○	Arbre
Annuelle	○	Biennale
Pérenne	○	Semis

Dates

Germination

Plantée

Récolté

Niveau de lumière

Soleil

Soleil partiel

Ombre

Autre

A partir de

Semences

Plante

Classement

Taille	○○○○○
Couleur	○○○○○
Goûter	○○○○○

| Fertilisants et équipements | Besoins en eau |
| Instructions d'entretien | Instruction de plantation |

0%
moins

| Notes supplémentaires |

Livre de bord du jardinage

Nom	Localisation
Fournisseur	Prix

Classe scientifique

Végétaux	○	Fruits
Herbe	○	Fleur
Arbuste	○	Arbre
Annuelle	○	Biennale
Pérenne	○	Semis

Dates

Germination

Plantée

Récolté

Niveau de lumière

Soleil

Soleil partiel

Ombre

Autre

A partir de

Semences

Plante

Classement

Taille	○○○○○
Couleur	○○○○○
Goûter	○○○○○

Fertilisants et équipements

Besoins en eau

0%
moins

Instructions d'entretien

Instruction de plantation

Notes supplémentaires

Livre de bord du jardinage

Nom		Localisation	

Fournisseur		Prix	

Classe scientifique

Végétaux	○	Fruits
Herbe	○	Fleur
Arbuste	○	Arbre
Annuelle	○	Biennale
Pérenne	○	Semis

Dates

Germination

Plantée

Récolté

Niveau de lumière

Soleil

Soleil partiel

Ombre

Autre

A partir de

Semences

Plante

Classement

Taille	○○○○○
Couleur	○○○○○
Goûter	○○○○○

Fertilisants
et équipements

Besoins en eau

0%
moins

Instructions
d'entretien

Instruction
de plantation

Notes
supplémentaires

Livre de bord du jardinage

Nom	Localisation

Fournisseur	Prix

Classe scientifique

Végétaux	◯	Fruits
Herbe	◯	Fleur
Arbuste	◯	Arbre
Annuelle	◯	Biennale
Pérenne	◯	Semis

Dates

Germination

Plantée

Récolté

Niveau de lumière

Soleil

Soleil partiel

Ombre

Autre

A partir de

Semences

Plante

Classement

Taille	◯◯◯◯◯
Couleur	◯◯◯◯◯
Goûter	◯◯◯◯◯

Fertilisants
et équipements

Besoins en eau

0%
moins

Instructions
d'entretien

Instruction
de plantation

Notes
supplémentaires

Livre de bord du jardinage

Nom		Localisation

Fournisseur		Prix

Classe scientifique

Végétaux	○	Fruits
Herbe	○	Fleur
Arbuste	○	Arbre
Annuelle	○	Biennale
Pérenne	○	Semis

Dates

Germination

Plantée

Récolté

Niveau de lumière

Soleil

Soleil partiel

Ombre

Autre

A partir de

Semences

Plante

Classement

Taille	○○○○○
Couleur	○○○○○
Goûter	○○○○○

Fertilisants
et équipements

Besoins en eau

0%
moins

Instructions
d'entretien

Instruction
de plantation

Notes
supplémentaires

Livre de bord du jardinage

| Nom | | Localisation | |

| Fournisseur | | Prix | |

Classe scientifique

Végétaux	○	Fruits
Herbe	○	Fleur
Arbuste	○	Arbre
Annuelle	○	Biennale
Pérenne	○	Semis

Dates

Germination

Plantée

Récolté

Niveau de lumière

Soleil

Soleil partiel

Ombre

Autre

A partir de

Semences

Plante

Classement

Taille	○○○○○
Couleur	○○○○○
Goûter	○○○○○

Fertilisants
et équipements

Besoins en eau

0%
moins

Instructions
d'entretien

Instruction
de plantation

Notes
supplémentaires

Livre de bord du jardinage

Nom	Localisation
Fournisseur	Prix

Classe scientifique

Végétaux	○	Fruits
Herbe	○	Fleur
Arbuste	○	Arbre
Annuelle	○	Biennale
Pérenne	○	Semis

Dates

Germination

Plantée

Récolté

Niveau de lumière

Soleil

Soleil partiel

Ombre

Autre

A partir de

Semences

Plante

Classement

Taille	○○○○○
Couleur	○○○○○
Goûter	○○○○○

Fertilisants
et équipements

Besoins en eau

0%
moins

Instructions
d'entretien

Instruction
de plantation

Notes
supplémentaires

Livre de bord du jardinage

Nom	Localisation

Fournisseur	Prix

Classe scientifique

Végétaux	○	Fruits
Herbe	○	Fleur
Arbuste	○	Arbre
Annuelle	○	Biennale
Pérenne	○	Semis

Dates

Germination

Plantée

Récolté

Niveau de lumière

Soleil

Soleil partiel

Ombre

Autre

A partir de

Semences

Plante

Classement

Taille	○○○○○
Couleur	○○○○○
Goûter	○○○○○

Fertilisants
et équipements

Besoins en eau

0%
moins

Instructions
d'entretien

Instruction
de plantation

Notes
supplémentaires

Livre de bord du jardinage

Nom	Localisation

Fournisseur	Prix

Classe scientifique

Végétaux	○	Fruits
Herbe	○	Fleur
Arbuste	○	Arbre
Annuelle	○	Biennale
Pérenne	○	Semis

Dates

Germination

Plantée

Récolté

Niveau de lumière

Soleil

Soleil partiel

Ombre

Autre

A partir de

Semences

Plante

Classement

Taille	○○○○○
Couleur	○○○○○
Goûter	○○○○○

Fertilisants
et équipements

Besoins en eau

0%
moins

Instructions
d'entretien

Instruction
de plantation

Notes
supplémentaires

Livre de bord du jardinage

Nom	Localisation
Fournisseur	Prix

Classe scientifique

Végétaux	○	Fruits
Herbe	○	Fleur
Arbuste	○	Arbre
Annuelle	○	Biennale
Pérenne	○	Semis

Dates

Germination

Plantée

Récolté

Niveau de lumière

Soleil

Soleil partiel

Ombre

Autre

A partir de

Semences

Plante

Classement

Taille	○○○○○
Couleur	○○○○○
Goûter	○○○○○

Fertilisants
et équipements

Besoins en eau

0%
moins

Instructions
d'entretien

Instruction
de plantation

Notes
supplémentaires

Livre de bord du jardinage

| Nom | Localisation |
| Fournisseur | Prix |

Classe scientifique

Végétaux	○	Fruits
Herbe	○	Fleur
Arbuste	○	Arbre
Annuelle	○	Biennale
Pérenne	○	Semis

Dates

Germination

Plantée

Récolté

Niveau de lumière

Soleil

Soleil partiel

Ombre

Autre

A partir de

Semences

Plante

Classement

Taille	○○○○○
Couleur	○○○○○
Goûter	○○○○○

Fertilisants
et équipements

Besoins en eau

0%
moins

Instructions
d'entretien

Instruction
de plantation

Notes
supplémentaires

Livre de bord du jardinage

Nom		Localisation	
Fournisseur		**Prix**	

Classe scientifique

Végétaux	○	Fruits
Herbe	○	Fleur
Arbuste	○	Arbre
Annuelle	○	Biennale
Pérenne	○	Semis

Dates

Germination

Plantée

Récolté

Niveau de lumière

Soleil

Soleil partiel

Ombre

Autre

A partir de

Semences

Plante

Classement

Taille	○○○○○
Couleur	○○○○○
Goûter	○○○○○

Fertilisants
et équipements

Besoins en eau
0%
moins

Instructions
d'entretien

Instruction
de plantation

Notes
supplémentaires

Livre de bord du jardinage

Nom	Localisation
Fournisseur	Prix

Classe scientifique

Végétaux	○	Fruits
Herbe	○	Fleur
Arbuste	○	Arbre
Annuelle	○	Biennale
Pérenne	○	Semis

Dates

Germination

Plantée

Récolté

Niveau de lumière

Soleil

Soleil partiel

Ombre

Autre

A partir de

Semences

Plante

Classement

Taille	○○○○○
Couleur	○○○○○
Goûter	○○○○○

| Fertilisants et équipements | Besoins en eau |

0%
moins

| Instructions d'entretien | Instruction de plantation |

| Notes supplémentaires |

Livre de bord du jardinage

Nom

Localisation

Fournisseur

Prix

Classe scientifique

Végétaux	○	Fruits
Herbe	○	Fleur
Arbuste	○	Arbre
Annuelle	○	Biennale
Pérenne	○	Semis

Dates

Germination

Plantée

Récolté

Niveau de lumière

Soleil

Soleil partiel

Ombre

Autre

A partir de

Semences

Plante

Classement

Taille ○○○○○

Couleur ○○○○○

Goûter ○○○○○

Fertilisants et équipements

Besoins en eau

0%
moins

Instructions d'entretien

Instruction de plantation

Notes supplémentaires

Livre de bord du jardinage

Nom	Localisation

Fournisseur	Prix

Classe scientifique

Végétaux	○	Fruits
Herbe	○	Fleur
Arbuste	○	Arbre
Annuelle	○	Biennale
Pérenne	○	Semis

Dates

Germination

Plantée

Récolté

Niveau de lumière

Soleil

Soleil partiel

Ombre

Autre

A partir de

Semences

Plante

Classement

Taille	○○○○○
Couleur	○○○○○
Goûter	○○○○○

Fertilisants et équipements

Besoins en eau

0%
moins

Instructions d'entretien

Instruction de plantation

Notes supplémentaires

Livre de bord du jardinage

| Nom | Localisation |

| Fournisseur | Prix |

Classe scientifique

Végétaux	○	Fruits
Herbe	○	Fleur
Arbuste	○	Arbre
Annuelle	○	Biennale
Pérenne	○	Semis

Dates

Germination

Plantée

Récolté

A partir de

Semences

Plante

Niveau de lumière

Soleil

Soleil partiel

Ombre

Autre

Classement

Taille ○○○○○

Couleur ○○○○○

Goûter ○○○○○

Fertilisants
et équipements

Besoins en eau

0%
moins

Instructions
d'entretien

Instruction
de plantation

Notes
supplémentaires

Livre de bord du jardinage

Nom	Localisation

Fournisseur	Prix

Classe scientifique

Végétaux	○	Fruits
Herbe	○	Fleur
Arbuste	○	Arbre
Annuelle	○	Biennale
Pérenne	○	Semis

Dates

Germination

Plantée

Récolté

Niveau de lumière

Soleil

Soleil partiel

Ombre

Autre

A partir de

Semences

Plante

Classement

Taille	○○○○○
Couleur	○○○○○
Goûter	○○○○○

Fertilisants
et équipements

Besoins en eau

0%
moins

Instructions
d'entretien

Instruction
de plantation

Notes
supplémentaires

Livre de bord du jardinage

Nom	Localisation

Fournisseur	Prix

Classe scientifique

Végétaux	○	Fruits	
Herbe	○	Fleur	
Arbuste	○	Arbre	
Annuelle	○	Biennale	
Pérenne	○	Semis	

Dates

Germination

Plantée

Récolté

Niveau de lumière

Soleil

Soleil partiel

Ombre

Autre

A partir de

Semences

Plante

Classement

Taille	○○○○○
Couleur	○○○○○
Goûter	○○○○○

Fertilisants et équipements

Besoins en eau

0%
moins

Instructions d'entretien

Instruction de plantation

Notes supplémentaires

Livre de bord du jardinage

Nom	Localisation

Fournisseur	Prix

Classe scientifique

Végétaux	○	Fruits
Herbe	○	Fleur
Arbuste	○	Arbre
Annuelle	○	Biennale
Pérenne	○	Semis

Dates

Germination

Plantée

Récolté

Niveau de lumière

Soleil

Soleil partiel

Ombre

Autre

A partir de

Semences

Plante

Classement

Taille	○○○○○
Couleur	○○○○○
Goûter	○○○○○

Fertilisants
et équipements

Besoins en eau

0%
moins

Instructions
d'entretien

Instruction
de plantation

Notes
supplémentaires

Livre de bord du jardinage

| Nom | | Localisation | |
| Fournisseur | | Prix | |

Classe scientifique

Végétaux	○	Fruits
Herbe	○	Fleur
Arbuste	○	Arbre
Annuelle	○	Biennale
Pérenne	○	Semis

Dates

Germination

Plantée

Récolté

Niveau de lumière

Soleil

Soleil partiel

Ombre

Autre

A partir de

Semences

Plante

Classement

Taille	○○○○○
Couleur	○○○○○
Goûter	○○○○○

Fertilisants
et équipements

Besoins en eau

0%
moins

Instructions
d'entretien

Instruction
de plantation

Notes
supplémentaires

Livre de bord du jardinage

Nom		Localisation

Fournisseur		Prix

Classe scientifique

Végétaux	○	Fruits
Herbe	○	Fleur
Arbuste	○	Arbre
Annuelle	○	Biennale
Pérenne	○	Semis

Dates

Germination

Plantée

Récolté

Niveau de lumière

Soleil

Soleil partiel

Ombre

Autre

A partir de

Semences

Plante

Classement

Taille	○○○○○
Couleur	○○○○○
Goûter	○○○○○

Fertilisants
et équipements

Besoins en eau

0%
moins

Instructions
d'entretien

Instruction
de plantation

Notes
supplémentaires

Livre de bord du jardinage

Nom	Localisation

Fournisseur	Prix

Classe scientifique

Végétaux	○	Fruits
Herbe	○	Fleur
Arbuste	○	Arbre
Annuelle	○	Biennale
Pérenne	○	Semis

Dates

Germination

Plantée

Récolté

Niveau de lumière

Soleil

Soleil partiel

Ombre

Autre

A partir de

Semences

Plante

Classement

Taille	○○○○○
Couleur	○○○○○
Goûter	○○○○○

Fertilisants
et équipements

Besoins en eau

0%
moins

Instructions
d'entretien

Instruction
de plantation

Notes
supplémentaires

Livre de bord du jardinage

Nom	Localisation

Fournisseur	Prix

Classe scientifique

Végétaux	○	Fruits
Herbe	○	Fleur
Arbuste	○	Arbre
Annuelle	○	Biennale
Pérenne	○	Semis

Dates

Germination

Plantée

Récolté

Niveau de lumière

Soleil

Soleil partiel

Ombre

Autre

A partir de

Semences

Plante

Classement

Taille	○○○○○
Couleur	○○○○○
Goûter	○○○○○

Fertilisants
et équipements

Besoins en eau

0%
moins

Instructions
d'entretien

Instruction
de plantation

Notes
supplémentaires

Livre de bord du jardinage

Nom		Localisation	
Fournisseur		Prix	

Classe scientifique

Végétaux	○	Fruits
Herbe	○	Fleur
Arbuste	○	Arbre
Annuelle	○	Biennale
Pérenne	○	Semis

Dates

Germination

Plantée

Récolté

Niveau de lumière

Soleil

Soleil partiel

Ombre

Autre

A partir de

Semences

Plante

Classement

Taille	○○○○○
Couleur	○○○○○
Goûter	○○○○○

Fertilisants
et équipements

Besoins en eau

0%
moins

Instructions
d'entretien

Instruction
de plantation

Notes
supplémentaires

Livre de bord du jardinage

Nom	Localisation

Fournisseur	Prix

Classe scientifique

Végétaux	○	Fruits
Herbe	○	Fleur
Arbuste	○	Arbre
Annuelle	○	Biennale
Pérenne	○	Semis

Dates

Germination

Plantée

Récolté

Niveau de lumière

Soleil

Soleil partiel

Ombre

Autre

A partir de

Semences

Plante

Classement

Taille	○○○○○
Couleur	○○○○○
Goûter	○○○○○

Fertilisants
et équipements

Besoins en eau

0%
moins

Instructions
d'entretien

Instruction
de plantation

Notes
supplémentaires

Livre de bord du jardinage

Nom	Localisation

Fournisseur	Prix

Classe scientifique

Végétaux	○	Fruits
Herbe	○	Fleur
Arbuste	○	Arbre
Annuelle	○	Biennale
Pérenne	○	Semis

Dates

Germination

Plantée

Récolté

Niveau de lumière

Soleil

Soleil partiel

Ombre

Autre

A partir de

Semences

Plante

Classement

Taille	○○○○○
Couleur	○○○○○
Goûter	○○○○○

Fertilisants
et équipements

Besoins en eau

0%
moins

Instructions
d'entretien

Instruction
de plantation

Notes
supplémentaires

Livre de bord du jardinage

| Nom | | Localisation | |

| Fournisseur | | Prix | |

Classe scientifique

Végétaux	○	Fruits
Herbe	○	Fleur
Arbuste	○	Arbre
Annuelle	○	Biennale
Pérenne	○	Semis

Dates

Germination

Plantée

Récolté

Niveau de lumière

Soleil

Soleil partiel

Ombre

Autre

A partir de

Semences

Plante

Classement

Taille ○○○○○

Couleur ○○○○○

Goûter ○○○○○

Fertilisants
et équipements

Besoins en eau

0%
moins

Instructions
d'entretien

Instruction
de plantation

Notes
supplémentaires

Livre de bord du jardinage

Nom

Localisation

Fournisseur

Prix

Classe scientifique

Végétaux	○	Fruits
Herbe	○	Fleur
Arbuste	○	Arbre
Annuelle	○	Biennale
Pérenne	○	Semis

Dates

Germination

Plantée

Récolté

Niveau de lumière

Soleil

Soleil partiel

Ombre

Autre

A partir de

Semences

Plante

Classement

Taille   ○○○○○

Couleur   ○○○○○

Goûter   ○○○○○

Fertilisants
et équipements

Besoins en eau

0%
moins

Instructions
d'entretien

Instruction
de plantation

Notes
supplémentaires

Livre de bord du jardinage

Nom	Localisation
Fournisseur	Prix

Classe scientifique

Végétaux	○	Fruits
Herbe	○	Fleur
Arbuste	○	Arbre
Annuelle	○	Biennale
Pérenne	○	Semis

Dates

Germination

Plantée

Récolté

Niveau de lumière

Soleil

Soleil partiel

Ombre

Autre

A partir de

Semences

Plante

Classement

Taille	○○○○○
Couleur	○○○○○
Goûter	○○○○○

Fertilisants
et équipements

Besoins en eau

0%
moins

Instructions
d'entretien

Instruction
de plantation

Notes
supplémentaires

Livre de bord du jardinage

Nom	Localisation

Fournisseur	Prix

Classe scientifique

Végétaux	○	Fruits
Herbe	○	Fleur
Arbuste	○	Arbre
Annuelle	○	Biennale
Pérenne	○	Semis

Dates

Germination

Plantée

Récolté

Niveau de lumière

Soleil

Soleil partiel

Ombre

Autre

A partir de

Semences

Plante

Classement

Taille	○○○○○
Couleur	○○○○○
Goûter	○○○○○

Fertilisants
et équipements

Besoins en eau

0%
moins

Instructions
d'entretien

Instruction
de plantation

Notes
supplémentaires

Livre de bord du jardinage

Nom		Localisation	
Fournisseur		**Prix**	

Classe scientifique

Végétaux	○	Fruits
Herbe	○	Fleur
Arbuste	○	Arbre
Annuelle	○	Biennale
Pérenne	○	Semis

Dates

Germination

Plantée

Récolté

Niveau de lumière

Soleil

Soleil partiel

Ombre

Autre

A partir de

Semences

Plante

Classement

Taille	○○○○○
Couleur	○○○○○
Goûter	○○○○○

Fertilisants
et équipements

Besoins en eau

0%
moins

Instructions
d'entretien

Instruction
de plantation

Notes
supplémentaires

Livre de bord du jardinage

| Nom | | Localisation | |

| Fournisseur | | Prix | |

Classe scientifique

Végétaux	○	Fruits
Herbe	○	Fleur
Arbuste	○	Arbre
Annuelle	○	Biennale
Pérenne	○	Semis

Dates

Germination

Plantée

Récolté

Niveau de lumière

Soleil

Soleil partiel

Ombre

Autre

A partir de

Semences

Plante

Classement

Taille	○○○○○
Couleur	○○○○○
Goûter	○○○○○

Fertilisants
et équipements

Besoins en eau

0%
moins

Instructions
d'entretien

Instruction
de plantation

Notes
supplémentaires

Livre de bord du jardinage

| Nom | Localisation |

| Fournisseur | Prix |

Classe scientifique

Végétaux	○	Fruits
Herbe	○	Fleur
Arbuste	○	Arbre
Annuelle	○	Biennale
Pérenne	○	Semis

Dates

Germination

Plantée

Récolté

Niveau de lumière

Soleil

Soleil partiel

Ombre

Autre

A partir de

Semences

Plante

Classement

Taille	○○○○○
Couleur	○○○○○
Goûter	○○○○○

Fertilisants et équipements

Besoins en eau

0%
moins

Instructions d'entretien

Instruction de plantation

Notes supplémentaires

Livre de bord du jardinage

Nom		Localisation	
Fournisseur		Prix	

Classe scientifique

Végétaux	○	Fruits
Herbe	○	Fleur
Arbuste	○	Arbre
Annuelle	○	Biennale
Pérenne	○	Semis

Dates

Germination

Plantée

Récolté

Niveau de lumière

Soleil

Soleil partiel

Ombre

Autre

A partir de

Semences

Plante

Classement

Taille	○○○○○
Couleur	○○○○○
Goûter	○○○○○

Fertilisants
et équipements

Besoins en eau

0%
moins

Instructions
d'entretien

Instruction
de plantation

Notes
supplémentaires

Livre de bord du jardinage

Nom	Localisation

Fournisseur	Prix

Classe scientifique

Végétaux	○	Fruits
Herbe	○	Fleur
Arbuste	○	Arbre
Annuelle	○	Biennale
Pérenne	○	Semis

Dates

Germination

Plantée

Récolté

Niveau de lumière

Soleil

Soleil partiel

Ombre

Autre

A partir de

Semences

Plante

Classement

Taille	○○○○○
Couleur	○○○○○
Goûter	○○○○○

Fertilisants et équipements	Besoins en eau

0%
moins

Instructions d'entretien	Instruction de plantation

Notes supplémentaires

Livre de bord du jardinage

Nom	Localisation

Fournisseur	Prix

Classe scientifique

Végétaux	○	Fruits
Herbe	○	Fleur
Arbuste	○	Arbre
Annuelle	○	Biennale
Pérenne	○	Semis

Dates

Germination

Plantée

Récolté

Niveau de lumière

Soleil

Soleil partiel

Ombre

Autre

A partir de

Semences

Plante

Classement

Taille	○○○○○
Couleur	○○○○○
Goûter	○○○○○

Fertilisants et équipements

Besoins en eau

0%
moins

Instructions d'entretien

Instruction de plantation

Notes supplémentaires

Livre de bord du jardinage

<table>
<tr><td>Nom</td><td>Localisation</td></tr>
<tr><td>Fournisseur</td><td>Prix</td></tr>
</table>

Classe scientifique

Végétaux	○	Fruits
Herbe	○	Fleur
Arbuste	○	Arbre
Annuelle	○	Biennale
Pérenne	○	Semis

Dates

Germination

Plantée

Récolté

Niveau de lumière

Soleil

Soleil partiel

Ombre

Autre

A partir de

Semences

Plante

Classement

Taille	○○○○○
Couleur	○○○○○
Goûter	○○○○○

Fertilisants
et équipements

Besoins en eau

0%
moins

Instructions
d'entretien

Instruction
de plantation

Notes
supplémentaires

Livre de bord du jardinage

Nom	Localisation

Fournisseur	Prix

Classe scientifique

Végétaux	○	Fruits
Herbe	○	Fleur
Arbuste	○	Arbre
Annuelle	○	Biennale
Pérenne	○	Semis

Dates

Germination

Plantée

Récolté

Niveau de lumière

Soleil

Soleil partiel

Ombre

Autre

A partir de

Semences

Plante

Classement

Taille	○○○○○
Couleur	○○○○○
Goûter	○○○○○

<table>
<tr><td>

Fertilisants et équipements

____

____

____

____

____

</td><td>

Besoins en eau

0%
moins

</td></tr>
<tr><td>

Instructions d'entretien

____

____

____

____

</td><td>

Instruction de plantation

____

____

____

____

</td></tr>
</table>

Notes supplémentaires

____

____

____

____

____

____

Livre de bord du jardinage

| Nom | | Localisation | |

| Fournisseur | | Prix | |

Classe scientifique

Végétaux	○	Fruits
Herbe	○	Fleur
Arbuste	○	Arbre
Annuelle	○	Biennale
Pérenne	○	Semis

Dates

Germination

Plantée

Récolté

Niveau de lumière

Soleil

Soleil partiel

Ombre

Autre

A partir de

Semences

Plante

Classement

Taille	○○○○○
Couleur	○○○○○
Goûter	○○○○○

Fertilisants et équipements

Besoins en eau

0%
moins

Instructions d'entretien

Instruction de plantation

Notes supplémentaires

Livre de bord du jardinage

Nom	Localisation

Fournisseur	Prix

Classe scientifique

Végétaux	○	Fruits
Herbe	○	Fleur
Arbuste	○	Arbre
Annuelle	○	Biennale
Pérenne	○	Semis

Dates

Germination

Plantée

Récolté

Niveau de lumière

Soleil

Soleil partiel

Ombre

Autre

A partir de

Semences

Plante

Classement

Taille	○○○○○
Couleur	○○○○○
Goûter	○○○○○

Fertilisants
et équipements

Besoins en eau

0%
moins

Instructions
d'entretien

Instruction
de plantation

Notes
supplémentaires

Livre de bord du jardinage

Nom		Localisation	

Fournisseur		Prix	

Classe scientifique

Végétaux	○	Fruits
Herbe	○	Fleur
Arbuste	○	Arbre
Annuelle	○	Biennale
Pérenne	○	Semis

Dates

Germination

Plantée

Récolté

Niveau de lumière

Soleil

Soleil partiel

Ombre

Autre

A partir de

Semences

Plante

Classement

Taille	○○○○○
Couleur	○○○○○
Goûter	○○○○○

Fertilisants
et équipements

Besoins en eau

0%
moins

Instructions
d'entretien

Instruction
de plantation

Notes
supplémentaires

Livre de bord du jardinage

Nom		Localisation	

Fournisseur		Prix	

Classe scientifique

Végétaux	○	Fruits
Herbe	○	Fleur
Arbuste	○	Arbre
Annuelle	○	Biennale
Pérenne	○	Semis

Dates

Germination

Plantée

Récolté

Niveau de lumière

Soleil

Soleil partiel

Ombre

Autre

A partir de

Semences

Plante

Classement

Taille	○○○○○
Couleur	○○○○○
Goûter	○○○○○

Fertilisants
et équipements

Besoins en eau

0%
moins

Instructions
d'entretien

Instruction
de plantation

Notes
supplémentaires

Livre de bord du jardinage

Nom		Localisation	
Fournisseur		Prix	

Classe scientifique

Végétaux	○	Fruits
Herbe	○	Fleur
Arbuste	○	Arbre
Annuelle	○	Biennale
Pérenne	○	Semis

Dates

Germination

Plantée

Récolté

Niveau de lumière

Soleil

Soleil partiel

Ombre

Autre

A partir de

Semences

Plante

Classement

Taille	○○○○○
Couleur	○○○○○
Goûter	○○○○○

Fertilisants
et équipements

Besoins en eau

0%
moins

Instructions
d'entretien

Instruction
de plantation

Notes
supplémentaires

Livre de bord du jardinage

Nom	Localisation

Fournisseur	Prix

Classe scientifique

Végétaux	○	Fruits
Herbe	○	Fleur
Arbuste	○	Arbre
Annuelle	○	Biennale
Pérenne	○	Semis

Dates

Germination

Plantée

Récolté

Niveau de lumière

Soleil

Soleil partiel

Ombre

Autre

A partir de

Semences

Plante

Classement

Taille	○○○○○
Couleur	○○○○○
Goûter	○○○○○

Fertilisants et équipements

Besoins en eau

0%
moins

Instructions d'entretien

Instruction de plantation

Notes supplémentaires

Livre de bord du jardinage

<table>
<tr><td>Nom</td><td>Localisation</td></tr>
<tr><td>Fournisseur</td><td>Prix</td></tr>
</table>

Classe scientifique

Végétaux	○	Fruits
Herbe	○	Fleur
Arbuste	○	Arbre
Annuelle	○	Biennale
Pérenne	○	Semis

Dates

Germination

Plantée

Récolté

Niveau de lumière

Soleil

Soleil partiel

Ombre

Autre

A partir de

Semences

Plante

Classement

Taille	○○○○○
Couleur	○○○○○
Goûter	○○○○○

Fertilisants
et équipements

Besoins en eau

0%
moins

Instructions
d'entretien

Instruction
de plantation

Notes
supplémentaires

Livre de bord du jardinage

Nom	Localisation

Fournisseur	Prix

Classe scientifique

Végétaux	○	Fruits
Herbe	○	Fleur
Arbuste	○	Arbre
Annuelle	○	Biennale
Pérenne	○	Semis

Dates

Germination

Plantée

Récolté

Niveau de lumière

Soleil

Soleil partiel

Ombre

Autre

A partir de

Semences

Plante

Classement

Taille	○○○○○
Couleur	○○○○○
Goûter	○○○○○

Fertilisants et équipements

Besoins en eau

0%
moins

Instructions d'entretien

Instruction de plantation

Notes supplémentaires

Livre de bord du jardinage

Nom		Localisation	
Fournisseur		Prix	

Classe scientifique

Végétaux	◯	Fruits
Herbe	◯	Fleur
Arbuste	◯	Arbre
Annuelle	◯	Biennale
Pérenne	◯	Semis

Dates

Germination

Plantée

Récolté

Niveau de lumière

Soleil

Soleil partiel

Ombre

Autre

A partir de

Semences

Plante

Classement

Taille	◯◯◯◯◯
Couleur	◯◯◯◯◯
Goûter	◯◯◯◯◯

Fertilisants et équipements	Besoins en eau

0%
moins

Instructions d'entretien	Instruction de plantation

Notes supplémentaires

9 783986 089467